AF187467

Impressum
Verlag: BABADADA GmbH, Nedderfeld 112 , 22529 Hamburg
Geschäftsführer / Verlagsleitung: Harald Hof
Druck: Books on Demand GmbH, In de Tarpen 42, 22848 Norderstedt

Imprint
Publisher: BABADADA GmbH, Nedderfeld 112 , 22529 Hamburg, Germany
Managing Director / Publishing direction: Harald Hof
Print: Books on Demand GmbH, In de Tarpen 42, 22848 Norderstedt, Germany

sekolah
la escuela

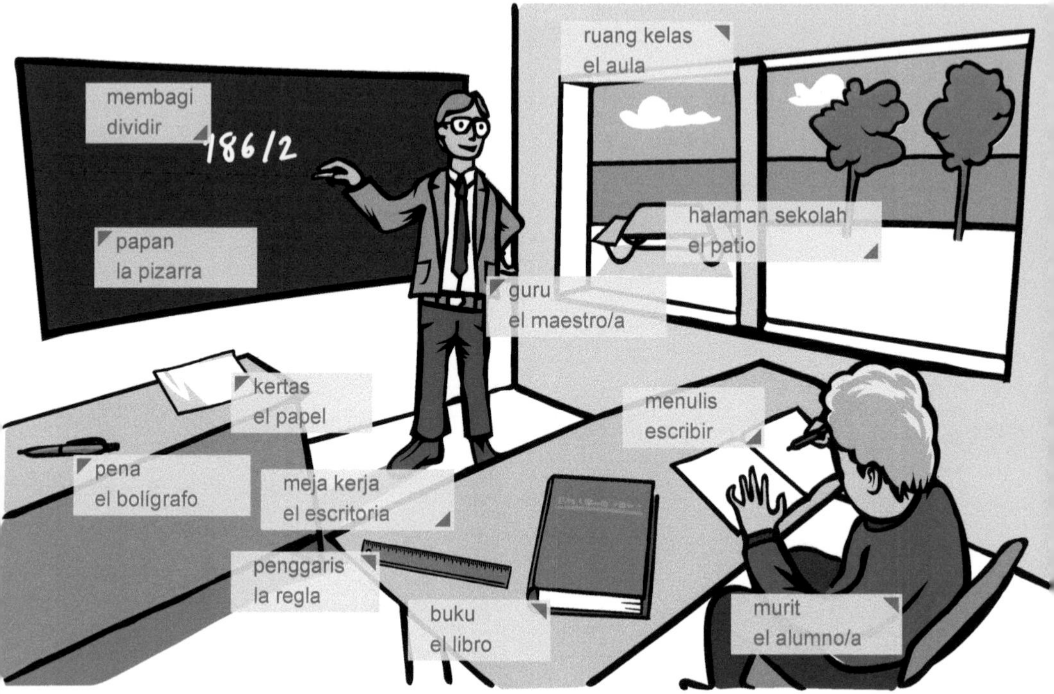

ruang kelas
el aula
membagi
dividir
186/2
papan
la pizarra
halaman sekolah
el patio
guru
el maestro/a
kertas
el papel
menulis
escribir
pena
el bolígrafo
meja kerja
el escritoria
penggaris
la regla
buku
el libro
murit
el alumno/a

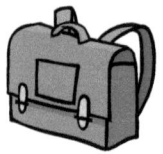

tas sekolah

la cartera

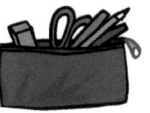

tempat pensil

la caja de lápices

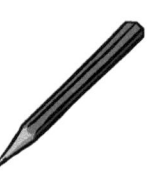

pensil

el lápiz

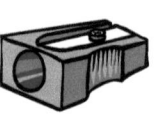

pengasah pensil

el sacapuntas

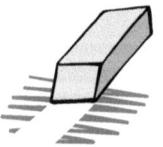

penghapus

la goma de borrar

kertas gambar

el cuaderno de dibujo

gambar

el dibujo

kuas

el pincel

kotak cat

la caja de pinturas

gunting

las tijeras

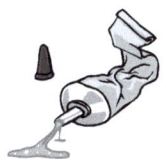

lem

el pegamento

buku latihan

el cuaderno de ejercicios

pekerjaan rumah

los deberes

angka

el número

tambhakan

sumar

mengurangi

restar

mengalikan

multiplicar

menghitung

calcular

huruf

la letra

alfabet

ol alfabeto

kata

la palabra

teks

el texto

membaca

leer

kapur

la tiza

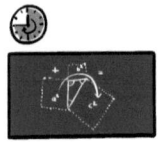

pelajaran

la lección

daftar

el cuaderno de notas

ujian

el examen

sertifikat

el certificado

seragam sekolah

el uniforme

pendidikan

la educación

ensiklopedi

la enciclopedia

universitas

la universidad

mikroskop

el microscopio

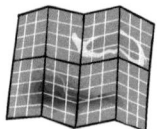

peta

el mapa

tempat sampah

la papelera

sekolah - la escuela

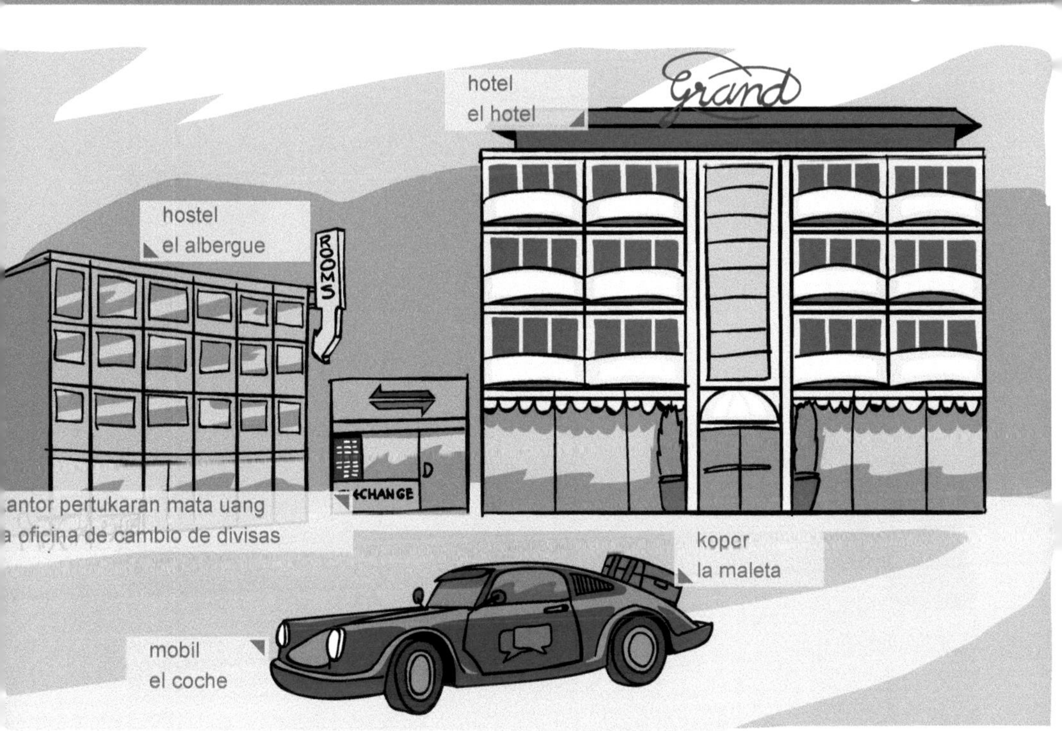

Grand
hotel
el hotel
hostel
el albergue
ROOMS
antor pertukaran mata uang
a oficina de cambio de divisas
koper
la maleta
mobil
el coche

bahasa

el idioma

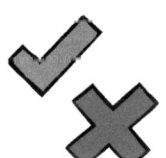

ya / tidak

sí / no

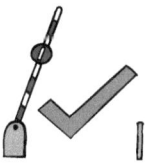

okay

Vale

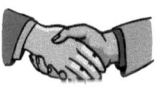

hallo

hola

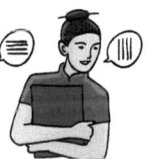

penerjemah

el traductor

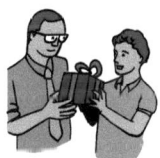

terima kasih

Gracias

Berapa harganya...?

¿cuánto es...?

saya tidak mengerti

No entiendo

masalah

el problema

Selamat malam!

¡Buenas tardes!

Selamat siang!

¡Buenos días!

Selamat tidur!

¡Buenas noches!

sampai jumpa

adiós

arah

la dirección

bagasi

el equipaje

tas

la bolsa

ransel

la mochila

tamu

el invitado

ruang

la habitación

kantong tidur

el saco de dormir

tenda

la tienda de campaña

informasi wisata

la información turística

pantai

la playa

kartu kredit

la tarjeta de crédito

sarapan

el desayuno

makan siang

el almuerzo

makan malam

la cena

tiket

el billete

elevator

el ascensor

perangko

el sello

perbatasan

la frontera

cukai

la aduana

kedutaan

la embajada

visa

la visa

paspor

el pasaporte

transportasi
el transporte

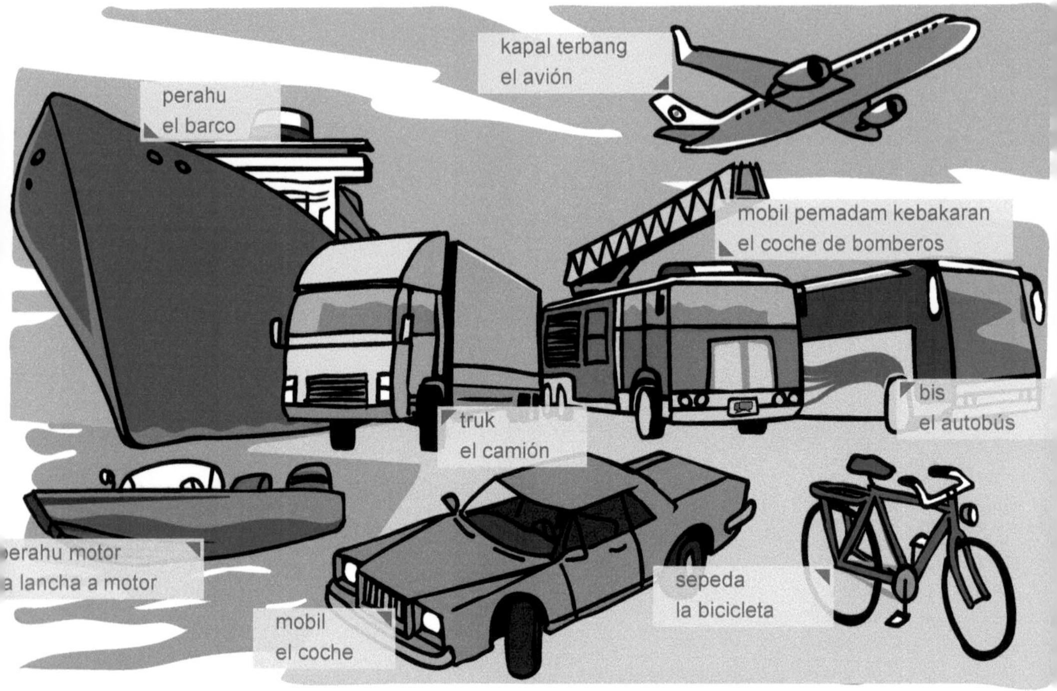
kapal terbang
el avión
perahu
el barco
mobil pemadam kebakaran
el coche de bomberos
truk
el camión
bis
el autobús
erahu motor
a lancha a motor
sepeda
la bicicleta
mobil
el coche

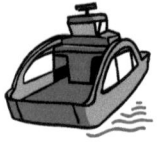

feri

el transbordador

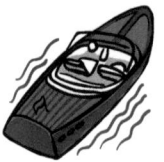

perahu

la barca

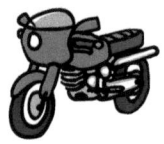

sepeda motor

la moto

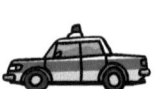

mobil polisi

el coche de policía

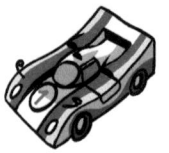

mobil balapan

el coche de carreras

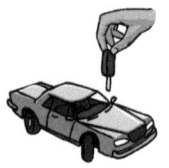

mobil sewa

el coche de alquiler

berbagi mobil

el préstamo de vehículos

truk derek

la grúa

truk sampah

el camión de la basura

motor

el motor

bahan bakar

la gasolina

bensin

la gasolinera

tanda lalulintas

la señal de tráfico

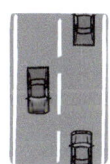

lalulintas

el tráfico

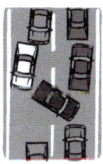

macet

el atasco

parkir mobil

el aparcamiento

stasiun kereta

la estación de tren

trek

las vías

kereta api

el tren

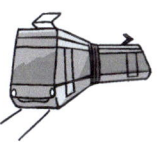

tram

el tranvía

gerobak

el vagón

helikopter

el helicóptero

bendara

el aeropuerto

menara

la torre

penumpang

el pasajero

container

el contenedor

karton

la caja de cartón

troli

la carretilla

keranjang

la cesta

berangkat / mendarat

despegar / aterrizar

kota

la ciudad

desa

el pueblo

pusat kota

el centro de la ciudad

rumah

la casa

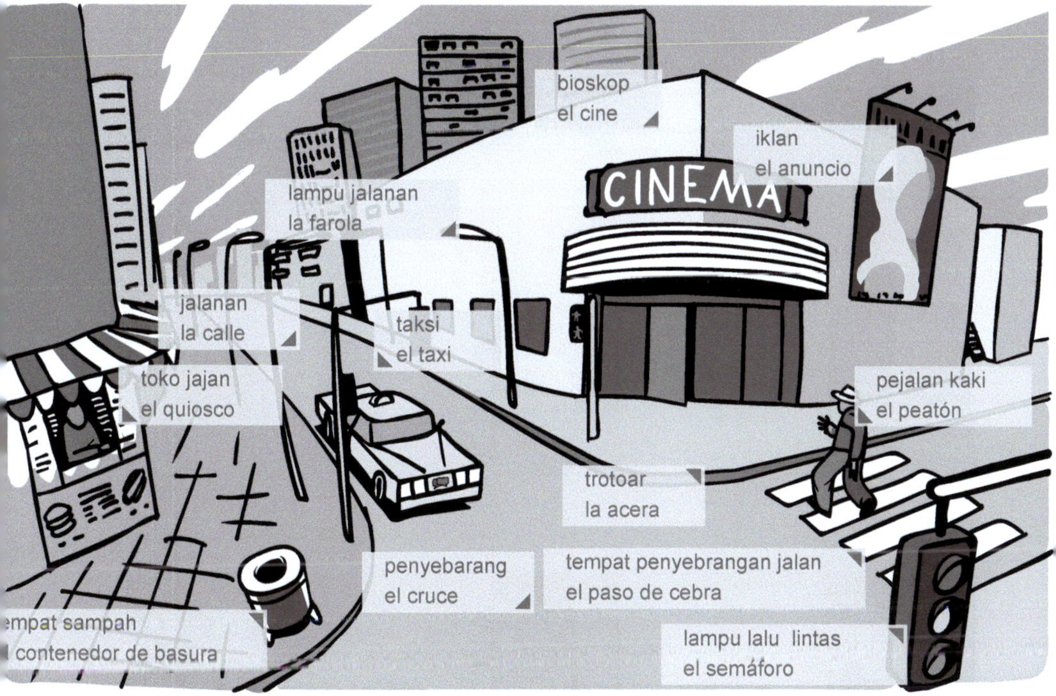

bioskop / el cine

iklan / el anuncio

lampu jalanan / la farola

jalanan / la calle

taksi / el taxi

toko jajan / el quiosco

pejalan kaki / el peatón

trotoar / la acera

penyebarang / el cruce

tempat penyebrangan jalan / el paso de cebra

tempat sampah / contenedor de basura

lampu lalu lintas / el semáforo

gubuk
....
la cabaña

rumah flat
....
el apartamento

stasiun kereta
....
la estación de tren

balai kota
....
el ayuntamiento

museum
....
el museo

sekolah
....
la escuela

universitas

la universidad

bank

el banco

rumah sakit

el hospital

hotel

el hotel

farmasi

la farmacia

kantor

la oficina

toko buku

la librería

toko

la tienda de campaña

toko bunga

la floristería

supermarket

el supermercado

pasar

el mercado

toko serba ada

los grandes almacenes

nelayan

la pescadería

pusat belanja

el centro comercial

pelabuhan

el puerto

taman

el parque

banku

el banco

jembatan

el puente

tangga

las escaleras

kereta bawah tanah

el metro

terowongan

el túnel

pemberhantian bis

la parada de autobús

bar

el bar

restauran

el restaurante

kotak surat

el buzón

tanda jalan

el poste indicador

meteran parkir

el parquímetro

kebun binatang

el zoo

kolam renang

la piscina

mesjid

la mezquita

pertanian
la granja

polusi
la contaminación

kuburan
el cementerio

gereja
la iglesia

tempat bermain
el patio de juego

pura
el templo

pemandangan
el paisaje

daun
la hoja

penunjuk arah
la señal

jalanan
el camino

padang rumput
el prado

batu
la piedra

pejalak kaki
el excursionista

pohon
el árbol

sungai
el río

rumput
la hierba

bunga
la flor

lembah

el valle

bukit

la colina

danau

el lago

hutan

el bosque

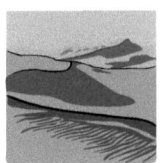

padang gurun

el desierto

gunung berapi

el volcán

istana

el castillo

pelangi

el arcoíris

jamur

el champiñón

pohon palem

la palmera

nyamuk

el mosquito

lalat

la mosca

semut

la hormiga

lebah

la abeja

laba-laba

la araña

kumbang

el escarabajo

kodok

la rana

tupai

la ardilla

landak

el erizo

kelinci

la liebre

burung hantu

la lechuza

burung

el pájaro

angsa

el cisne

babi jantan

el jabalí

rusa

el ciervo

rusa

el alce

bendungan

la presa

turbin angin

la turbina eólica

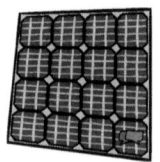

panel surya

el panel solar

iklim

el clima

restauran

el restaurante

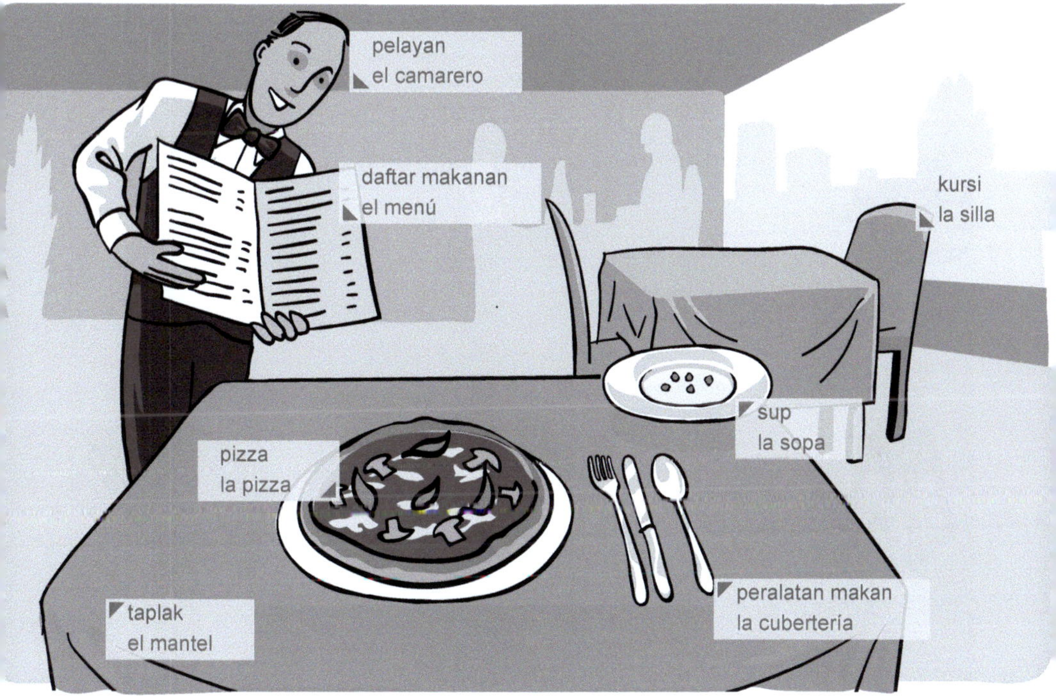
pelayan
el camarero
daftar makanan
el menú
kursi
la silla
sup
la sopa
pizza
la pizza
peralatan makan
la cubertería
taplak
el mantel

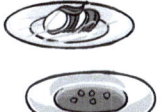

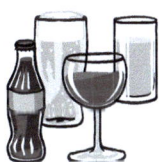

hindangan pembuka

el primer plato

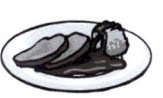

hidangan utama

el plato principal

hidangan penutup

el postre

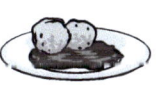

minuman

las bebidas

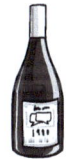

makanan

la comida

botol

la botella

fastfood

la comida rápida

masakan jalanan

la comida callejera

teko teh

la tetera

kaleng gula

el azucarero

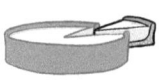

porsi

la porción

mesin espresso

la cafetera expreso

kursi tinggi

la trona

tagihan

la cuenta

baki

la bandeja

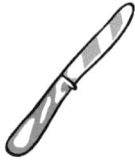

pisau

el cuchillo

garpu

el tenedor

sendok

la cuchara

sendok teh

la cucharilla

serbet

la servilleta

gelas

el vaso

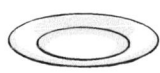

piring
el plato

piring sup
el plato hondo

lepek
el platillo

saus
la salsa

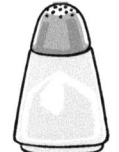

tempat garam
el salero

gilingan merica
el molinillo de pimienta

cuka
el vinagre

minyak
el aceite

bumbu
las especias

saus tomat
el ketchup

mustar
la mostaza

mayones
la mayonesa

supermarket
el supermercado

penawaran khusus
la oferta especial
FOR
klien
el cliente
produk susu
los lácteos
buah
la fruta
troli
el carro de compra

BUTCHERS

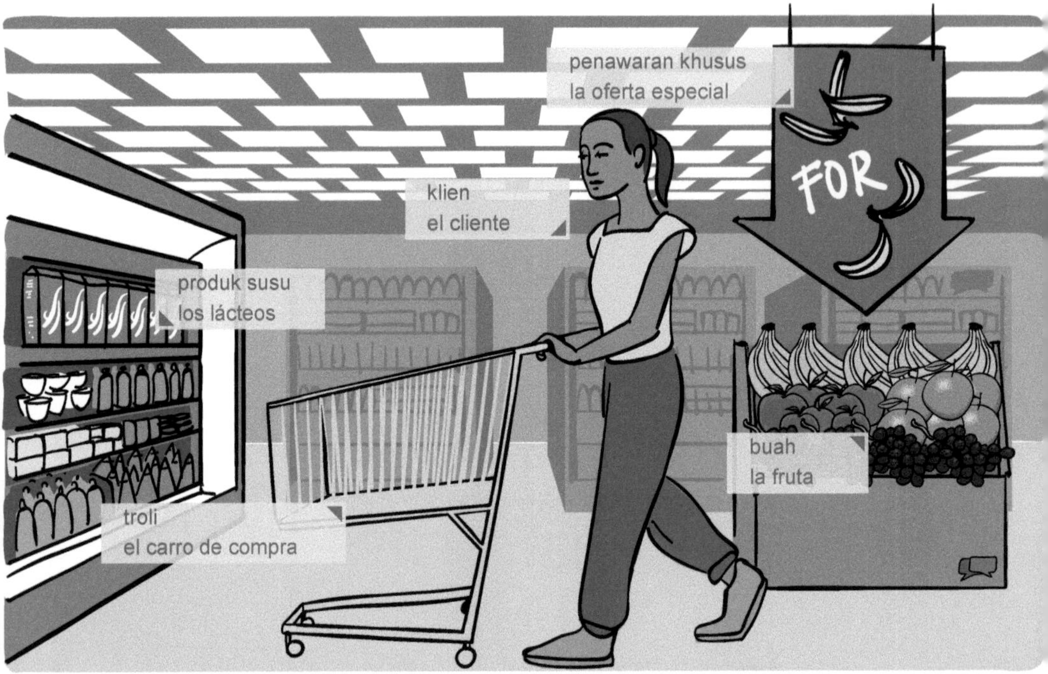

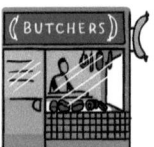

pembantai

la carniceria

BAKERY

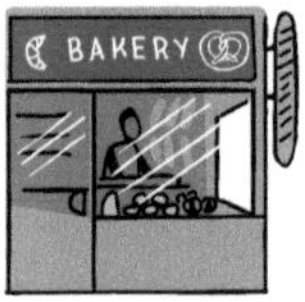

toko roti

la panadería

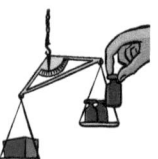

menimbang

pesar

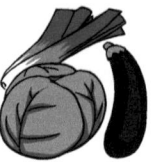

sayur

las verduras

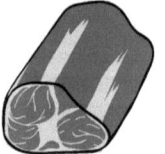

daging

la carne

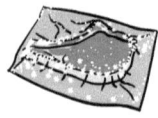

makanan beku

los alimentos congelados

pemotongan dingin

los fiambres

makanan kaleng

las conservas

sabun serbuk

el detergente en polvo

permen

los dulces

alat-alat rumah tangga

productos de uso doméstico

obat pembersihan

productos de limpieza

penjual

la vendedora

kasa

la caja de cartón

kasir

el cajero

daftar belanja

la lista de la compra

jam buka

el horario de atención al público

dompet

la cartera

kartu kredit

la tarjeta de crédito

tas

la bolsa de plástico

kantong plastik

la bolsa de plástico

las bebidas

air
....
el agua

jus
....
el zumo

susu
....
la leche

cola
....
la cola

anggur
....
el vino

bir
....
la cerveza

alkohol
....
el alcohol

coklat
....
el cacao

teh
....
el té

kopi
....
el café

espresso
....
el expreso

cappucino
....
el capuchino

pisang

el plátano

apel

la manzana

jeruk

la naranja

semangka

el melón

jeruk lemon

el limon

wortel

la zanahoria

bawang putih

el ajo

bambu

el bambú

bawang bombai

la cebolla

jamur

el champiñón

kacang

las avellanas

mi

los fideos

spagetti

las espagueti

nasi

el arroz

salat

la ensalada

kentang goreng

las patatas fritas

kentang goreng

las patatas fritas

pizza

la pizza

hamburger

la hamburguesa

sandwich

el sándwich

sayatan

el filete

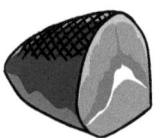

ham

el jamón

salami

le salami

sosis

la salchicha

ayam

el pollo

menggoreng

el asado

ikan

el pescado

bubur gandum

los copos de avena

sereal

el muesli

cornflakes

los copos de maíz

tepung

la harina

croissant

el cruasán

roti

el panecillo

roti

el pan

toast

la tostada

biskuit

las galletas

mentega

la mantequilla

dadih

la cuajada

kue

el pastel

telur

el huevo

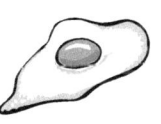

telur goreng

el huevo frito

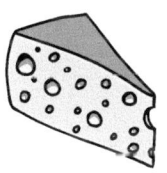

keju

el queso

eskrim

el helado

gula

el azúcar

madu

la miel

selai

la mermelada

krim nugat

la crema de turrón

kare

el curry

pertanian
la granja

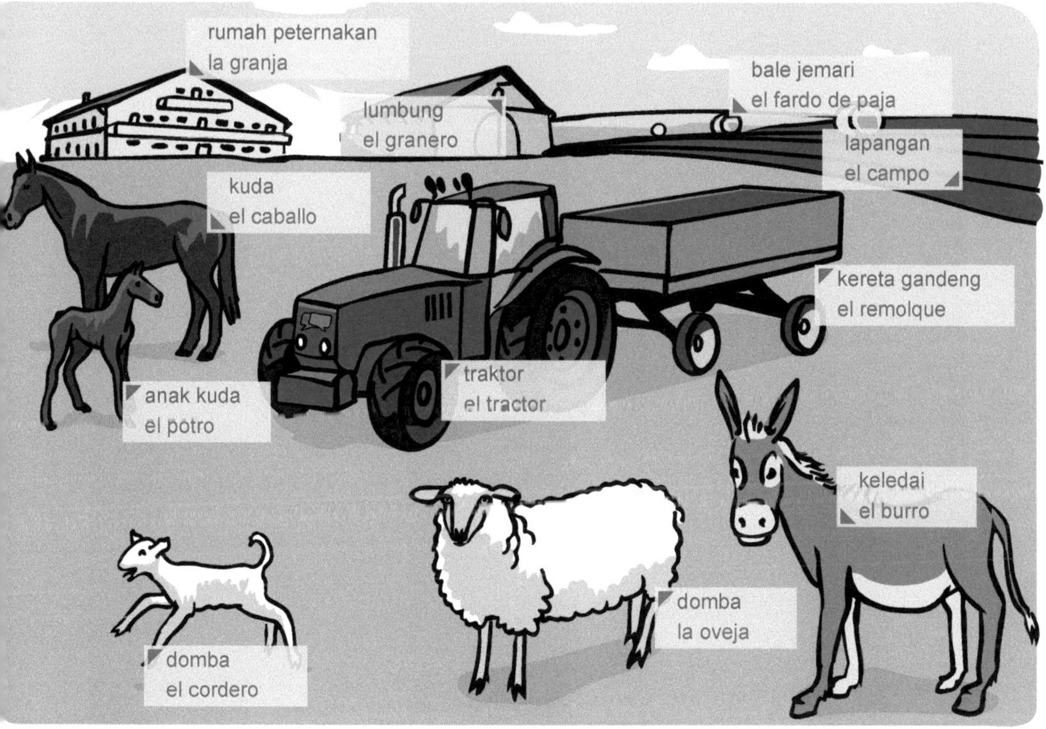

rumah peternakan
la granja
lumbung
el granero
bale jemari
el fardo de paja
lapangan
el campo
kuda
el caballo
kereta gandeng
el remolque
traktor
el tractor
anak kuda
el potro
keledai
el burro
domba
la oveja
domba
el cordero

kambing

la cabra

sapi

la vaca

betis

el ternero

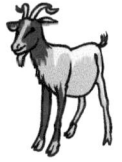

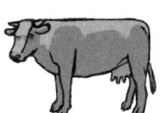

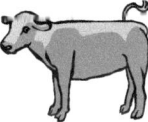

babi

el cerdo

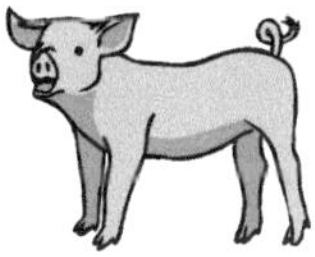

celeng

el cerdito

banteng

el toro

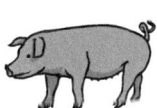

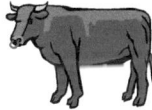

angsa

el ganso

bebek

el pato

anak ayam

el pollo

ayam

la gallina

ayam jantan

el gallo

tikus

la rata

kucing

el gato

tikus

el ratón

lembu

el buey

anjing

el perro

rumah anjing

la perrera

selang

la manguera

penyiram

la regadera

sabit

la guadaña

bajak

el arado

sabit

la hoz

cangkul

la azada

garpu rumput

la horca

kapak

el hacha

gerobak

la carretilla

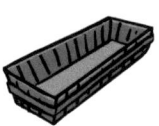

palung

el abrevadero

kaleng susu

la lechera

karung

el saco

pagar

la valla

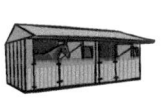

kandang

el establo

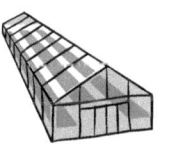

rumah kaca

el invernadero

tanah

el suelo

benih

la semilla

pupuk

el fertilizador

mesin pemanen

la cosechadora

panen

cosechar

panen

la cosecha

yams

el ñame

gandum

el trigo

kedelai

el soja

kentang

la patata

jagung

el maíz

lobak

la semilla de colza

pohon buah

el árbol frutal

singkong

la mandioca

sereal

las cereales

rumah
la casa

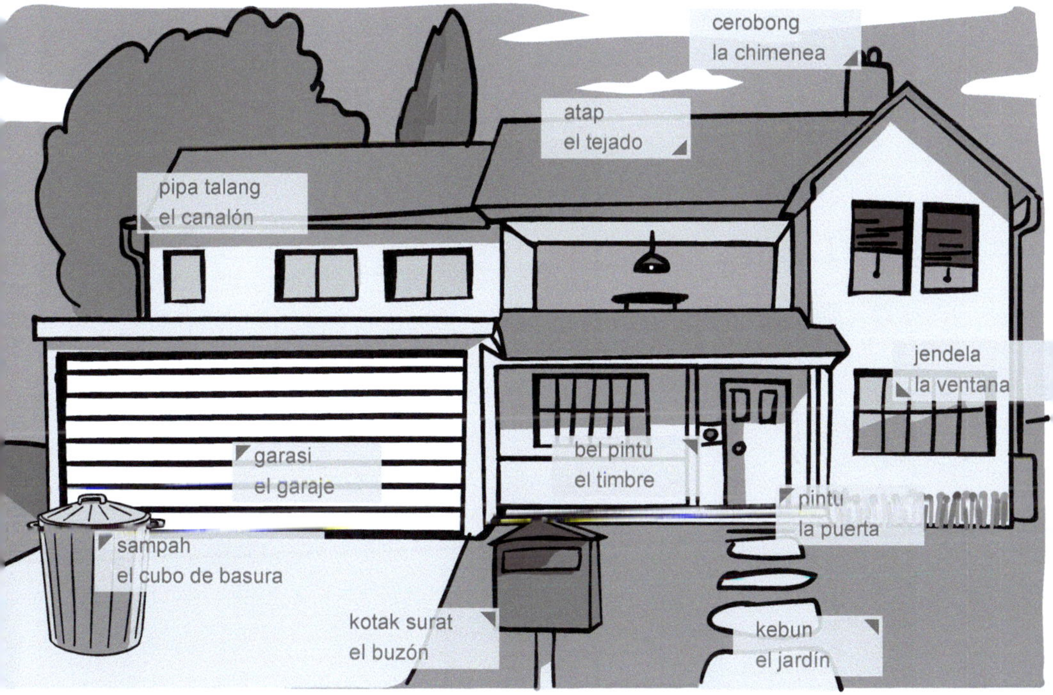
cerobong
la chimenea
atap
el tejado
pipa talang
el canalón
jendela
la ventana
garasi
el garaje
bel pintu
el timbre
pintu
la puerta
sampah
el cubo de basura
kotak surat
el buzón
kebun
el jardín

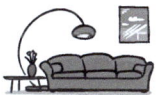

ruang tamu
la sala

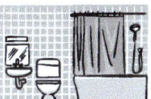

kamar mandi
el cuarto de baño

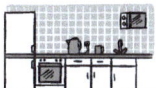

dapur
la cocina

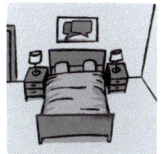

kamar tidur
el dormitorio

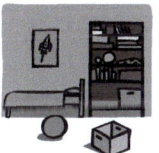

kamar anak
la habitación de los niños

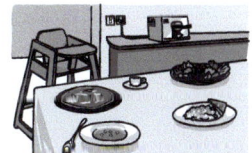

kamar makan
el comedor

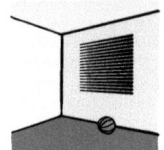

lantai

el suelo

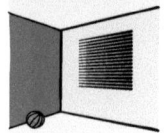

tembok

la pared

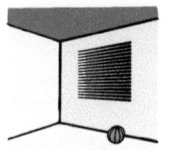

atap

el techo

gudang di bawah tanah

el sótano

sauna

la sauna

balkon

el balcón

teras

la terraza

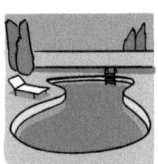

kolam renang

la piscina

mesin pemotong rumput

el cortacésped

sprei

la sábana

selimut

la colcha

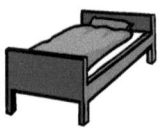

tempat tidur

la cama

sapu

la escoba

ember

el balde

tombol

el interruptor

ruang tamu
la sala

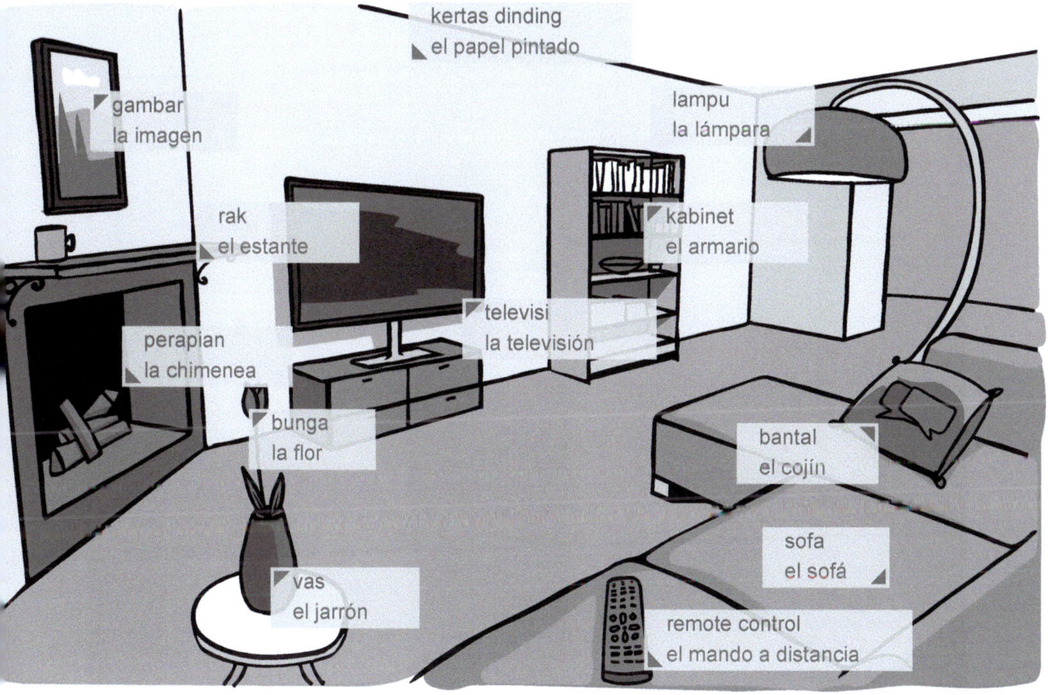

kertas dinding
el papel pintado
gambar
la imagen
lampu
la lámpara
rak
el estante
kabinet
el armario
televisi
la televisión
perapian
la chimenea
bunga
la flor
bantal
el cojín
sofa
el sofá
vas
el jarrón
remote control
el mando a distancia

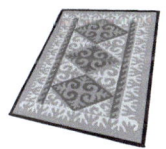

karpet

la alfombra

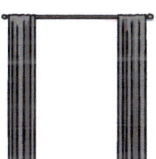

korden

la cortina

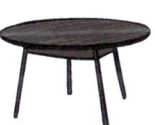

meja

la mesa

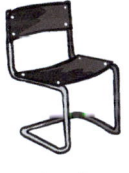

kursi

la silla

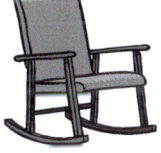

kursi goyang

el mecedora

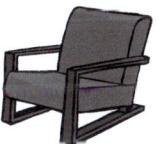

kursi malas

la butaca

buku

el libro

selimut

la manta

dekorasi

la decoración

kayu bakar

la leña

filem

la película

hi-fi

el equipo de música

kunci

la llave

koran

el periódico

lukisan

la pintura

poster

el póster

radio

la radio

buku tulis

el cuaderno

penyedot debu

la aspiradora

kaktus

el cactus

lilin

la vela

dapur
la cocina

kulkas
el refrigerador
mesin pemanggang
el microondas
timbangan
la balnza de cocina
pemanggang roti
la tostadora
deterjen
el detergente
kompor
el horno
lemari es
el congelador
sampah
el cubo de basura
mesin pencuci piring
el lavavajillas

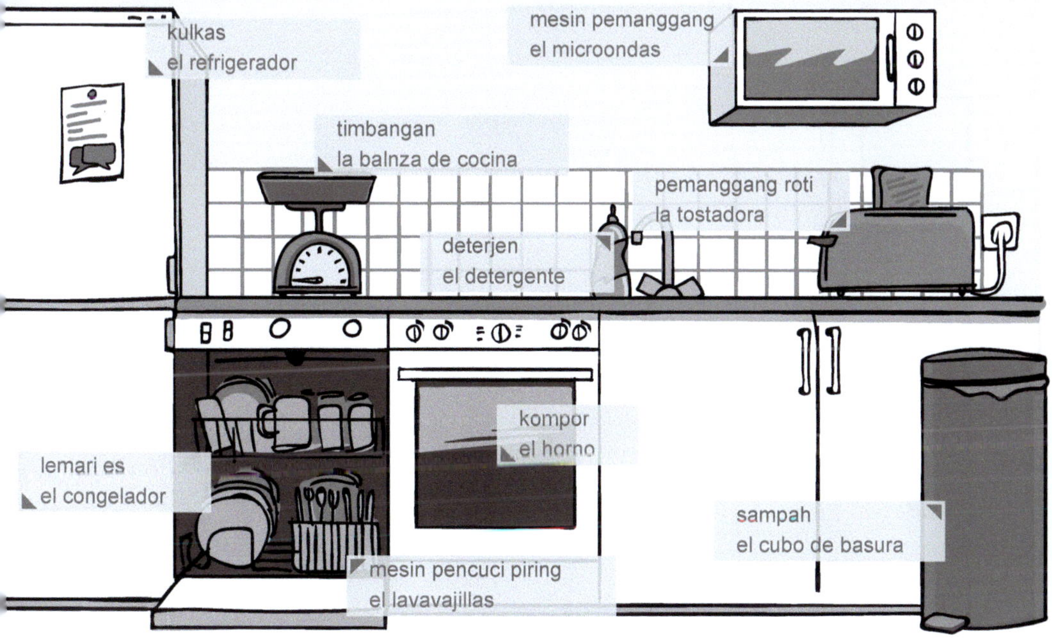

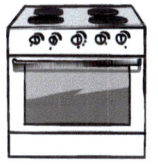

kompor
....
la olla a presión

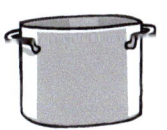

panci
....
la olla

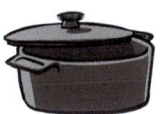

panci besi
....
la olla de hierro fundido

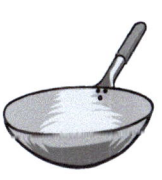

wajan
....
el wok

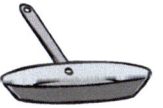

panci
....
la cazuela

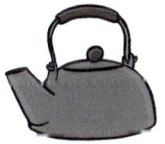

pemanas air
....
el hervidor

panci pengukus makanan

la vaporera

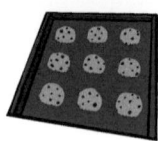

nampan

la chapa de horno

piring

la vajilla

cangkir

la taza

mangkok

el tazón

sumpit

los palillos

sendok sup

el cucharón

sudip

la espumadera

mengocok

el batidor

saringan

el colador

saringan

el cedazo

parutan

el rallador

mortir

el mortero

barbeque

la barbacoa

api terbuka

la hoguera

papan memotong

la tabla de picar

gilingan

el rodillo

alat pembuka botol

el sacacorchos

kaleng

la lata

pembuka kaleng

el abrelatas

pegangan panci

el agarrador

wastafel

el lavabo

sikat

el cepillo

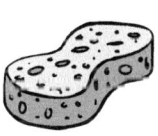

busa

la esponja

mesin pencampur

la batidora

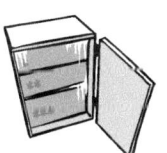

lemari es

el congelador

botol bayi

el biberón

keran

el grifo

kamar mandi
el cuarto de baño

mandi
la ducha
mesin pemanas
la calefacción
handuk
la toalla
tirai kamar mandi
la cortina de la ducha
mandi busa
el baño de espuma
bak mandi
la bañera
gelas
el vaso
mesin cuci
la lavadora
keran
el grifo
ubin
las baldosas
pispot
el orinal
wastafel
el lavabo

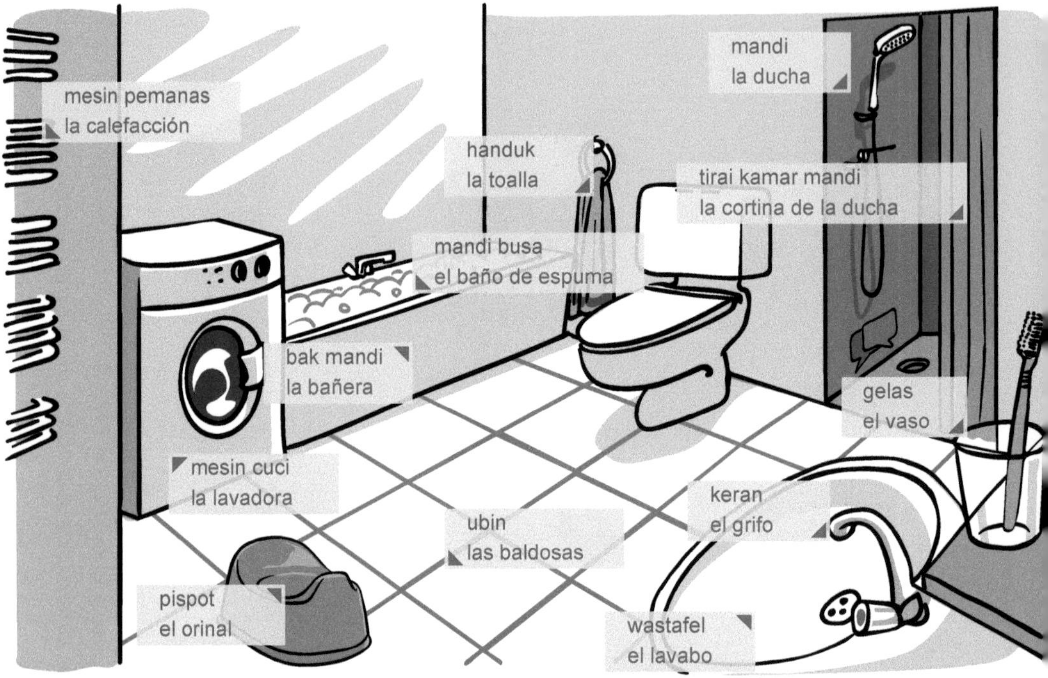

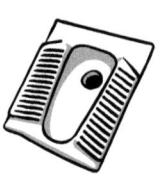

toilet
el inodoro

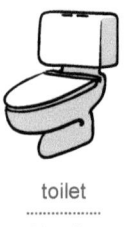

toilet jongkok
el inodoro rústico

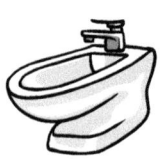

bidet
el bidé

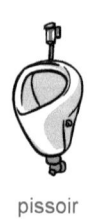

pissoir
el urinario

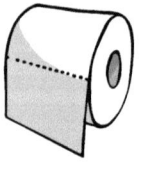

kertas toilet
el papel higiénico

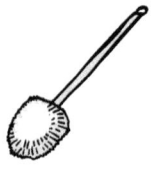

sikat toilet
la escobilla del váter

sikat gigi

el cepillo de dientes

pasta gigi

la pasta de dientes

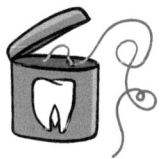

benang gigi

el hilo dental

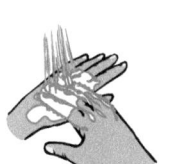

menyuci

lavar

pancuran tangan

la ducha de mano

pancuran

la ducha íntima

bak

la pila

sikat punggung

el cepillo de espalda

sabun

el jabón

gel mandi

el gel de ducha

sampo

el champú

planel

la toallita

kuras

el desagüe

krim

la crema

deodoran

el desodorante

kaca

el espejo

cermin tangan

el espejo de tocador

pisau cukur

la maquinilla de afeitar

busa cukur

la espuma de afeitar

aftershave

la loción postafeitado

sisir

el peine

sikat

el cepillo

alat pengering rambut

el secador

semprot rambut

la laca

makeup

el maquillaje

lipstik

el pintalabios

cat kuku

el pintauñas

kapas

el algodón

gunting kuku

el cortauñas

minyak wangi

el perfume

kantong pencuci

el estuche de viaje

bangku

la banqueta

timbangan

la balanza

mantel mandi

el albornoz

sarung tangan karet

los guantes de goma

tampon

el tampón

handuk pembalut

la compresa

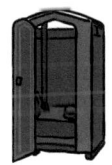

toilet kimia

el inodoro químico

kamar anak
la habitación de los niños

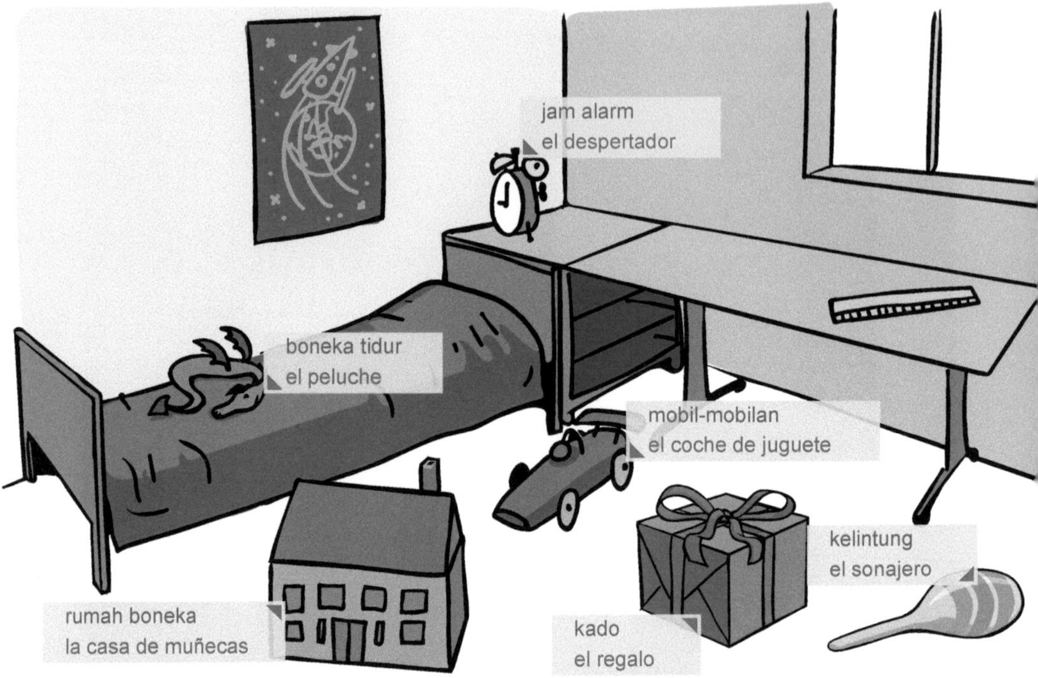

jam alarm
el despertador
boneka tidur
el peluche
mobil-mobilan
el coche de juguete
kelintung
el sonajero
rumah boneka
la casa de muñecas
kado
el regalo

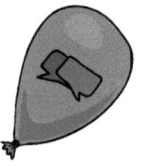

balon

el globo

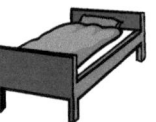

tempat tidur

la cama

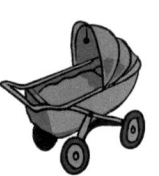

kereta bayi

el coche de niño

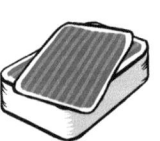

mainan kartu

los naipes

teka-teki

el puzle

SUPER
MEGA

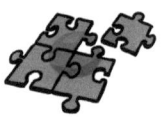

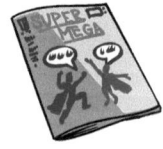

komik

el tebeo

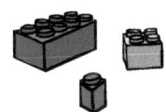

mainan lego

las piezas de lego

blok mainan

los bloques de juguete

figur aksi

la figura de acción

baju monyet

el bodi (de bebé)

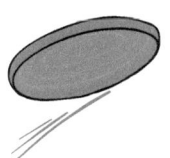

frisbee

el frisbee

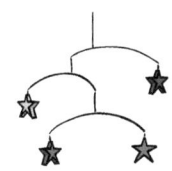

mobile

el colgador móvil para bebés

permainan papan

el juego de mesa

dadu

los dados

set model kreta api

el circuito de tren eléctrico

dot

el maniquí

pesta

la fiesta

buku gambar

el álbum de fotos

bola

la pelota

boneka

la muñeca

bermain

jugar

tempat main pasir

el cajón de arena

ayunan

el columpio

mainan

los juguetes

video game konsol

la videoconsola

sepeda roda tiga

el triciclo

teddy

el oso de peluche

lemari pakaian

la guardarropa

pakaian

la ropa

kaos kaki

los calcetines

kaos kaki

las medias

baju ketat

los leotardos

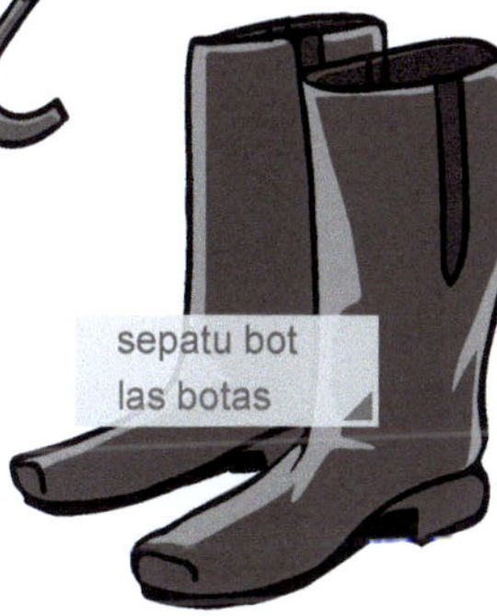

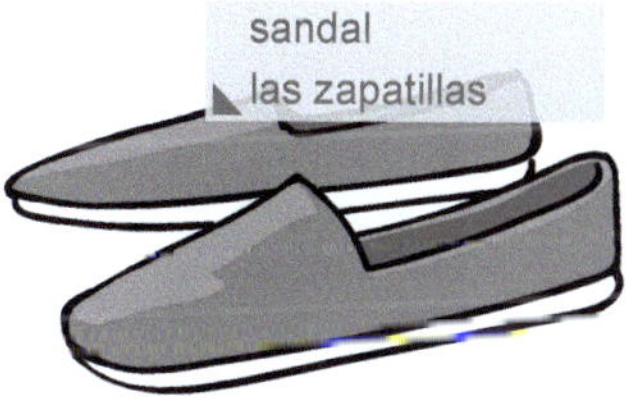

syal
la bufanda

payung
el paraguas

kaos
la camiseta

sabuk
el cinturón

sepatu bot
las botas

sandal
las zapatillas

sepatu
las deportivas

sandal

las sandalias

sepatu

los zapatos

sepatu bot karot

las botas de goma

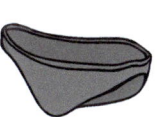

celana dalam

el slip

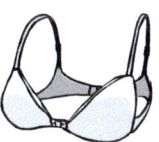

BH

el sostén

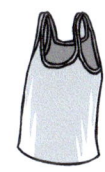

baju rompi

el chaleco

body

el bodi

celana

los pantalones cortos

jeans

los vaqueros

rok

la falda

blus

la blusa

kemeja

la camisa

aket berkerudung

el jersey

sweater

el suéter

jaket

el blazer

jaket

la chaqueta

mantel

el abrigo

jas hujan

la gabardina

kostum

el traje

gaun

el vestido

gaun pengantin

el vestido de novia

setelan resmi

el traje

gaun tidur

el camisón

piyama

el pijama

sari

el sati

jilbab

el bandana

turban

el turbante

burka

la burka

kaftan

el caftán

abaya

la abaya

pakaian renang

el traje de baño

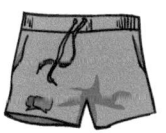

celana renang

el bañador

celana pendek

los pantalones cortos

olah raga

el chándal

celemek

el delantal

sarung tangan

los guantes

kancing

el botón

kacamata

las gafas

gelang

el brazalete

kalung

el collar

cincin

el anillo

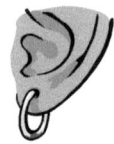

anting

el pendiente

topi

la gorra

gantungan mantel

la percha

topi

el sombrero

dasi

la corbata

ritsleting

la cremallera

helm

el casco

tali selempang

los tirantes

seragam sekolah

el uniforme

seragam

el uniforme

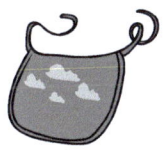

oto

el babero

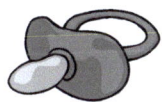

dot

el maniquí

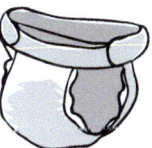

popok

el pañal

kantor
la oficina

server
el servidor
lemari arsip
el archivo
pencetak
la impresora
kertas
el papel
layar
el monitor
mouse komputer
el ratón
meja kerja
el escritoria
tempat pengarsipan
la carpeta
papan tombol
el teclado
tempat sampah
la papelera
computer
el ordenador
kursi
la silla

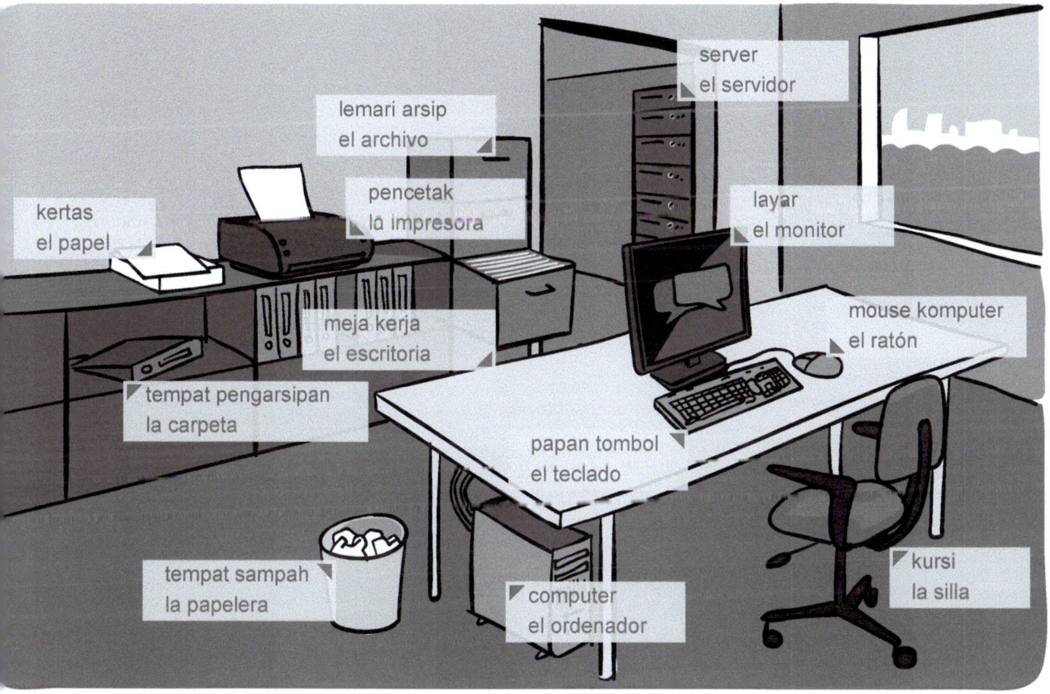

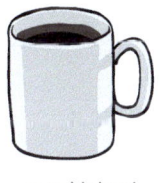

cangkir kopi

la taza de café

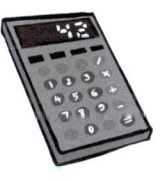

kalkulator

la calculadora

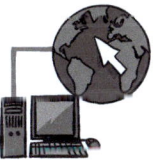

internet

el internet

laptop
el portátil

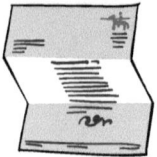

surat
la carta

pesan
el mensaje

telepon seluler
el móvil

jaringan
la red

fotokopi
la fotocopiadora

software
el software

telepon
el teléfono

plug soket
la toma de corriente

mesin fax
el fax

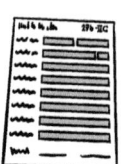

formulir
el formulario

dokumen
el documento

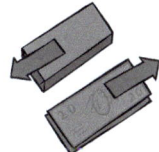

membeli
....
comprar

membayar
....
pagar

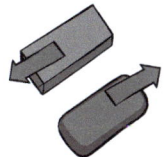

berdagang
....
comerciar

uang
....
el dinero

Dollar
....
el dólar

Euro
....
el euro

Yen
....
el yen

Rubel
....
el rublo

Franc Swiss
....
el franco suizo

Renminbi Yuan
....
el renminbi yuan

Rupiah
....
la rupia

ATM
....
el cajero automático

kantor pertukaran mata
uang
la oficina de cambio de
divisas

emas

el oro

perak

la plata

minyak

el petróleo

energi

la energía

harga

el precio

kontrak

el contrato

pajak

el impuesto

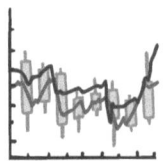

saham

la acción

bekerja

trabajar

karyawan

el empleador

majikan

el empleador

pabrik

la fábrica

toko

la tienda de campaña

pekerjaan
los oficios

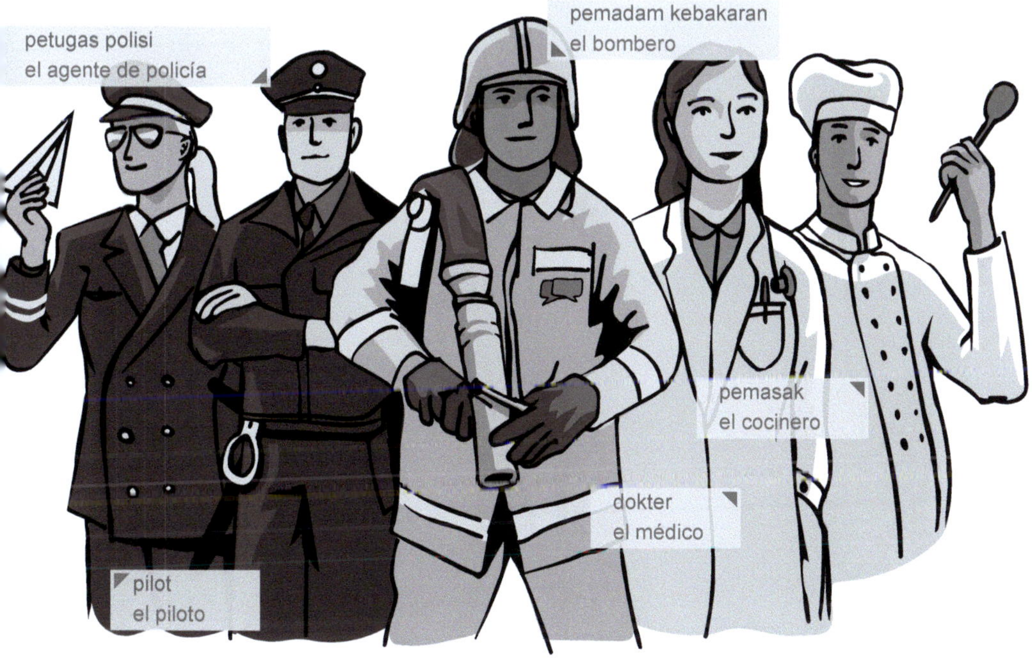

petugas polisi
el agente de policía
pemadam kebakaran
el bombero
pemasak
el cocinero
dokter
el médico
pilot
el piloto

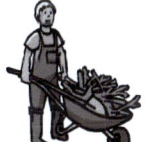

tukan kebun

el jardinero

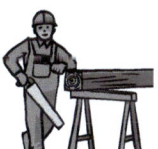

tukang kayu

el carpintero

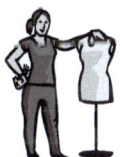

penjahit wanita

la costurera

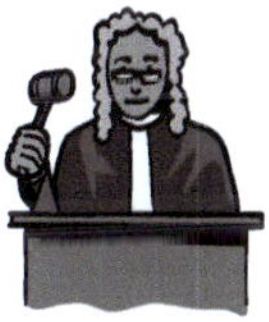

hakim

el juez

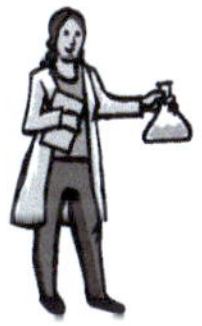

ahli kimia

el farmacéutico

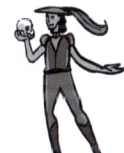

aktor

el actor

sopir bis

el conductor de autobús

sopir taksi

el taxista

nelayan

el pescador

pembantu

la señora de la limpieza

tukang atap

el techador

pelayan

el camarero

pemburu

el cazador

pelukis

el pintor

tukang roti

el panadero

tukang listrik

el electricista

pembangun

el obrero

insinyur

el ingeniero

tukang daging

el carnicero

tukang ledeng

el fontanero

tukang pos

el cartero

tentara

el soldado

arsitek

el arquitecto

kasir

el cajero

penjual bunga

el florista

penata rambut

el peluquero

konduktor

el revisor

montir

el mecánico

kapten

el capitán

dokter gigi

el dentista

ilmuwan

el científico

rabbi

el rabino

imam

el imán

biarawan

el monje

pendeta

el sacerdote

alat

las herramientas

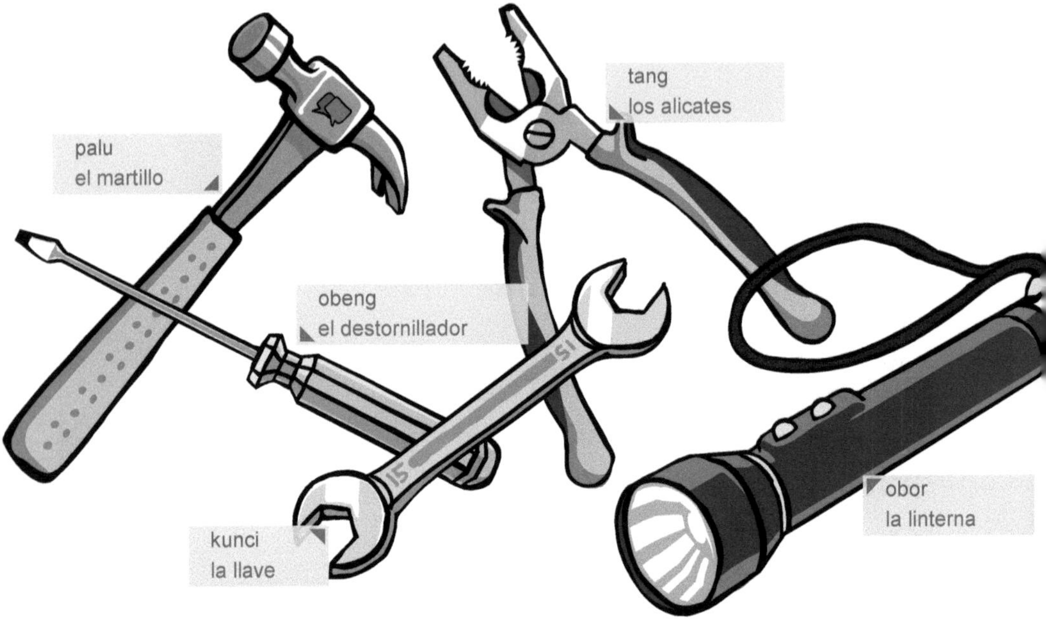

tang
los alicates
palu
el martillo
obeng
el destornillador
obor
la linterna
kunci
la llave

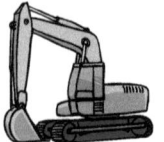

penggali

la excavadora

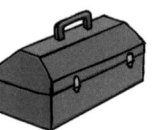

tas perkakas

la caja de herramientas

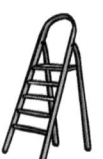

tangga

la escalera de mano

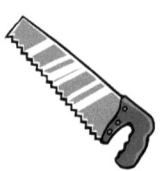

gergaji

la sierra

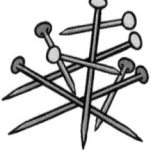

paku

los clavos

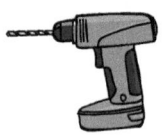

bor

el taladro

perbaikan

reparar

sekop

la pala

Sialan!

¡Maldita sea!

cikrak

el recogedor

pot cat

el bote de pintura

sekrup

los tornillos

alat musik
los instrumentos musicales

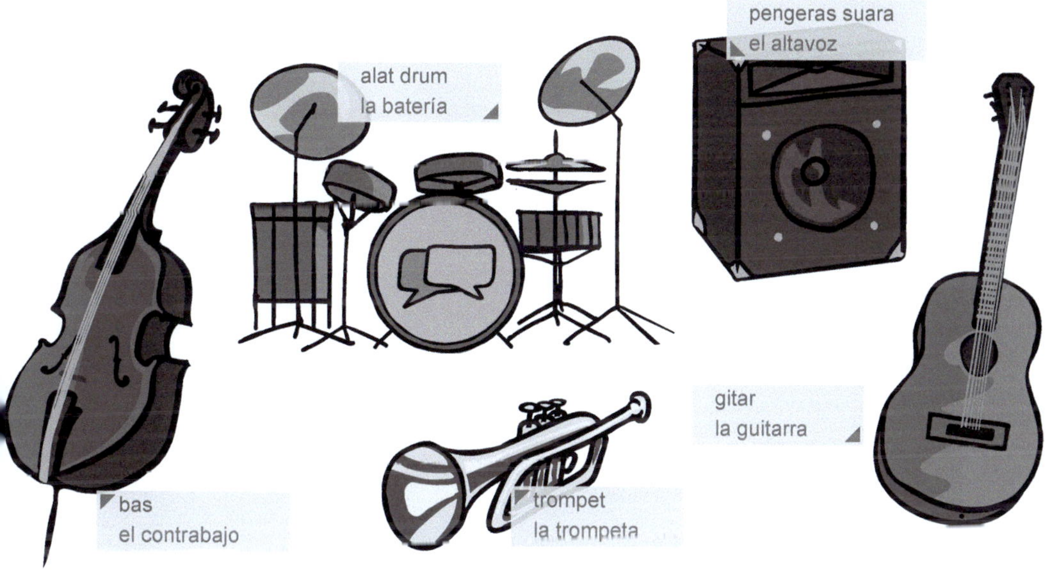

pengeras suara
el altavoz

alat drum
la batería

gitar
la guitarra

bas
el contrabajo

trompet
la trompeta

piano

el piano

violin

el violín

bass

bajo

tambur

los timbales

drum

el tambor

keyboard

el teclado

saksofon

el saxofón

suling

la flauta

mikrofon

el micrófono

alat musik - los instrumentos musicales

kebun binatang
el zoo

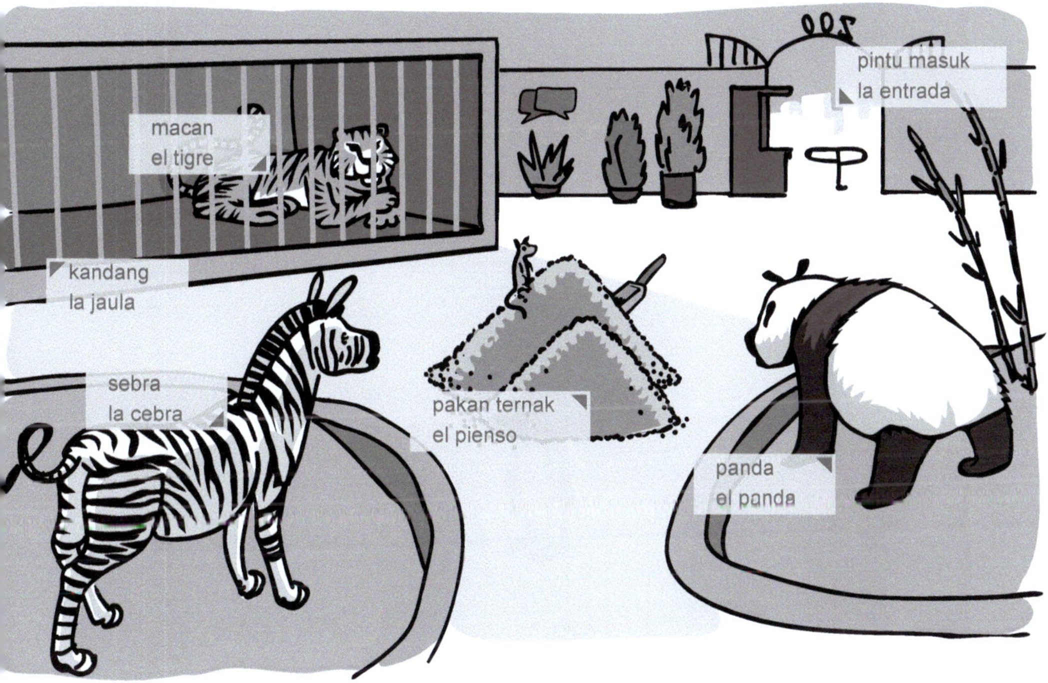
pintu masuk
la entrada
macan
el tigre
kandang
la jaula
sebra
la cebra
pakan ternak
el pienso
panda
el panda

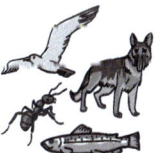

hewan
los animales

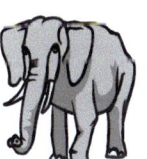

gajah
el elefante

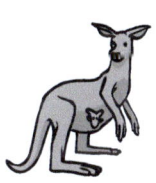

kanguru
el canguro

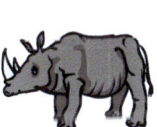

badak
el rinoceronte

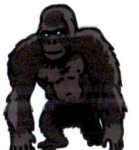

gorila
el gorila

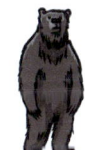

beruang
el oso

unta

el camello

burung unta

el avestruz

singa

el león

monyet

el mono

flamingo

el flamingo

burung beo

el loro

beruang polar

el oso polar

penguin

el pingüino

hiu

el tiburón

merak

el pavo real

ular

la serpiente

buaya

el cocodrilo

penjaga kebun binatang

el guardián de zoológico

segel

la foca

jaguar

el jaguar

kuda poni

el poni

macan tutul

el leopardo

kuda nil

el hipopótamo

jerapah

la jirafa

burung elang

el águila

babi jantan

el jabalí

ikan

el pescado

kura-kura

la tortuga

anjing laut

la morsa

rubah

el zorro

kijang

la gacela

american football
el fútbol americano

naik sepeda
el ciclismo

tennis
el tenis

basketbal
el baloncesto

bernang
la natación

tinju
el boxeo

hoki es
el hockey sobre hielo

sepak bola
el fútbol

badminton
el bádminton

atletik
el atletismo

bola tangan
el balonmano

main ski
el esquí

polo
el polo

aktivitas
las actividades

meloncat
saltar
memeluk
abrazar
ketawa
reír
berjalan
caminar
menyanyi
cantar
mengimpi
soñar
berdoa
rezar
mencium
besar

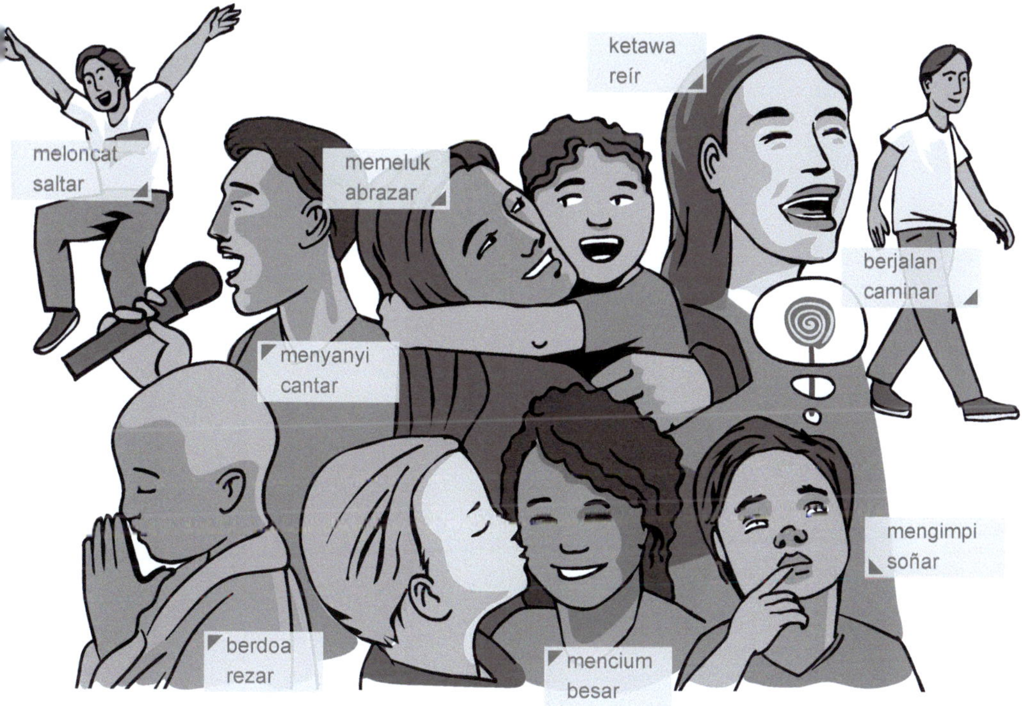

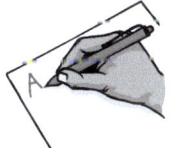

menulis

escribir

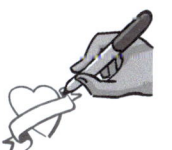

melukis

dibujar

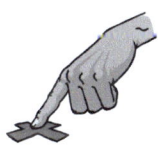

menunjuk

mostrar

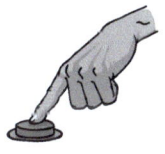

mendorong

empujar

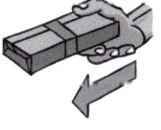

memberikan

dar

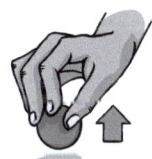

mengambil

tomar

mempunyai
tener

melakukan
hacer

adalah
ser

berdiri
estar de pie

berlari
correr

menarik
tirar

melempar
tirar

jatuh
caer

tidur
yacer

menunggu
esperar

membawa
llevar

duduk
estar sentado

berpakaian
vestirse

tidur
dormir

bangun
despertar

melihat

mirar

menangis

llorar

mengelus

acariciar

menyisir

peinar

berbicara

hablar

mengerti

entender

menanyak

preguntar

mendengar

escuchar

minum

beber

makan

comer

merapikan

ordenar

cinta

amar

memasak

cocinar

menyetir

conduoir

terbang

volar

berlayar

navegar

menghitung

calcular

membaca

leer

belajar

aprender

bekerja

trabajar

menikah

casarse

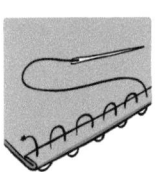

menjahit

coser

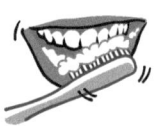

sikat gigi

cepillarse los dientes

membunuh

matar

merokok

fumar

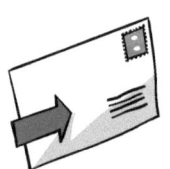

kirim

enviar

aktivitas - las actividades

keluarga
la familia

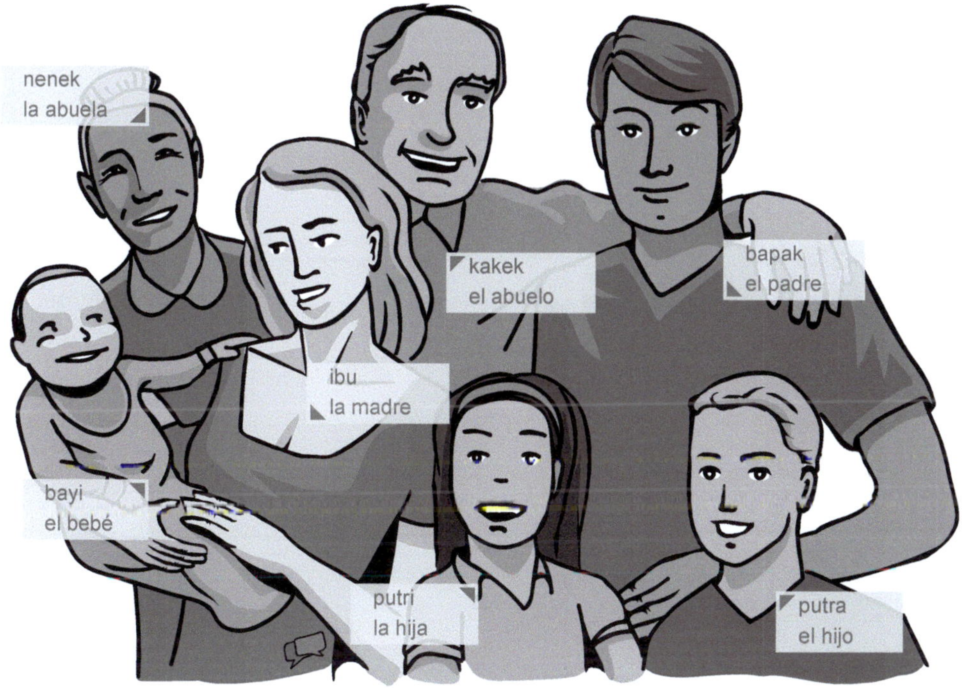
nenek
la abuela
kakek
el abuelo
bapak
el padre
ibu
la madre
bayi
el bebé
putri
la hija
putra
el hijo

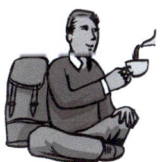

tamu

el invitado

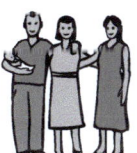

bibi

la tía

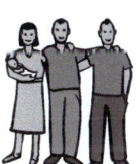

paman

el tío

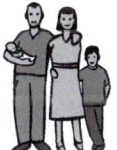

kakak laki

el hermano

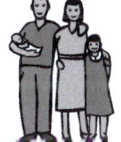

kakak perempuan

la hermana

badan

el cuerpo

dahi
la frente
mata
el ojo
bahu
el hombro
jari
el dedo
muka
la cara
dagu
la barbilla
tangan
la mano
kaki
la pierna
payudara
el pecho
lengan
el brazo

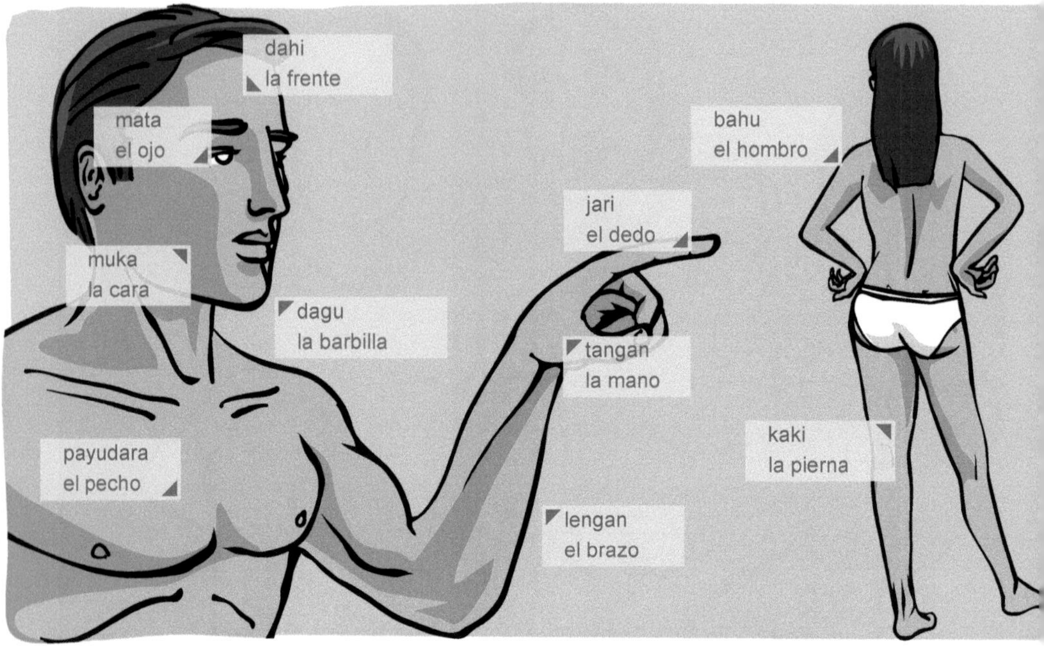

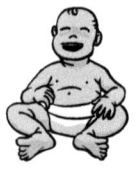

bayi
el bebé

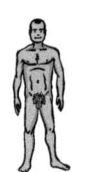

pria
el hombre

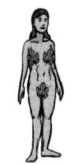

wanita
la mujer

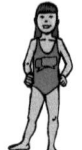

perempuan
la chica

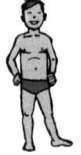

laki
el chico

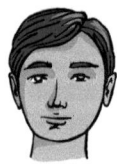

kepala
la cabeza

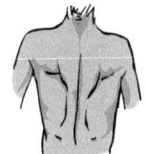

punggung

la espalda

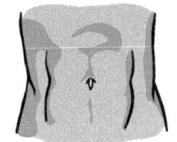

perut

el vientre

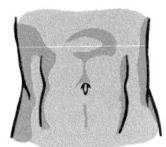

pusar

el ombligo

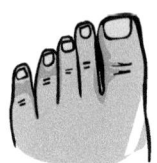

toe

el dedo del pie

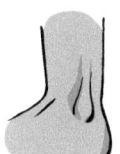

tumit

el talón

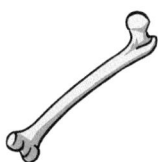

tulang

el hueso

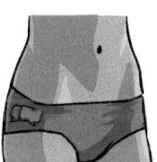

pinggang

la cadera

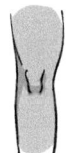

lutut

la rodilla

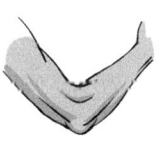

siku

el codo

hidung

la nariz

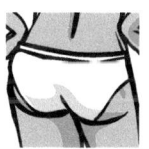

pantat

el trasero

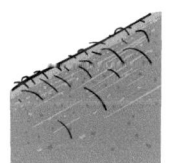

kulit

la piel

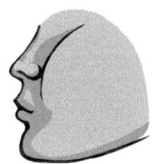

pipi

la mejilla

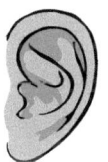

telinga

el oído

bibir

el labio

badan - el cuerpo

mulut

la boca

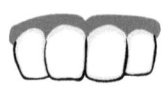

gigi

el diente

lidah

la lengua

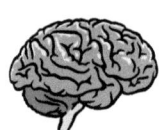

otak

el cerebro

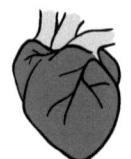

jantung

el corazón

otot

el músculo

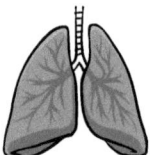

paru-paru

el pulmón

hati

el hígado

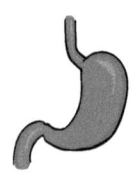

stomach

el estómago

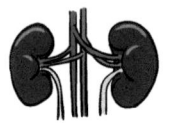

ginjal

los riñones

hubungan seks

el sexo

kondom

el condón

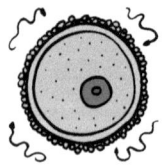

sel telur

el ovario

sperma

el semen

kehamilan

el embarazo

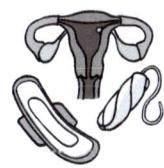

menstruasi

la menstruación

vagina

la vagina

penis

el pene

alis

la ceja

rambut

el pelo

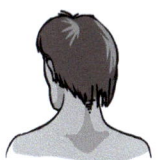

leher

el cuello

rumah sakit
el hospital

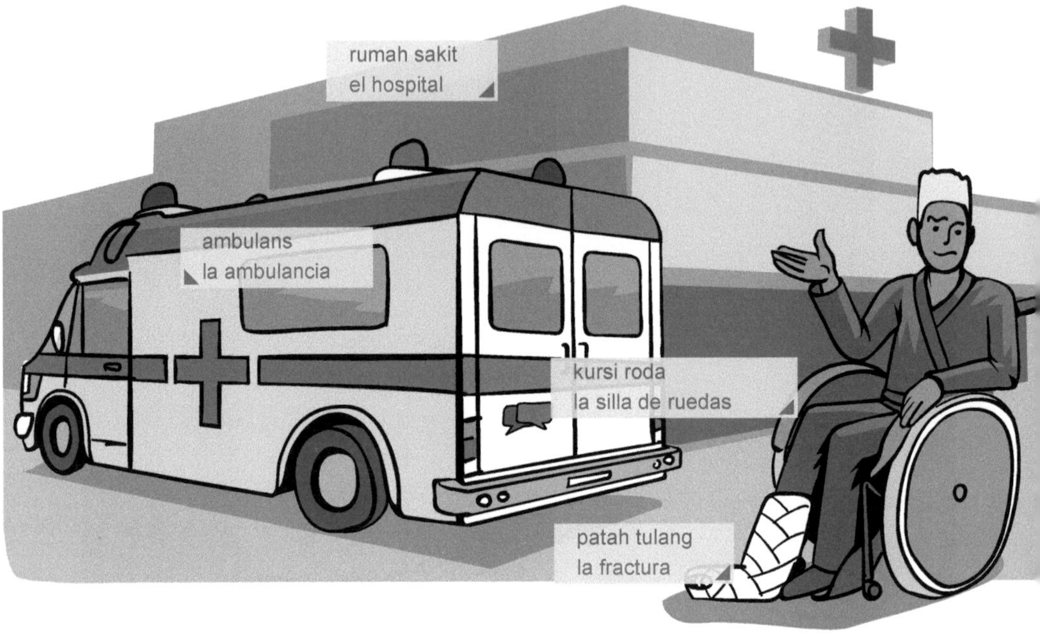

rumah sakit
el hospital
ambulans
la ambulancia
kursi roda
la silla de ruedas
patah tulang
la fractura

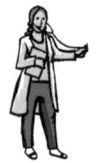

dokter

el médico

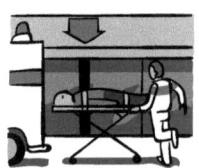

ruang darurat

la sala de urgencias

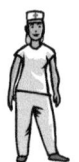

perawat

la enfermera

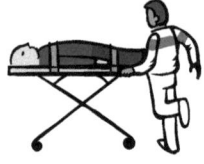

darurat

la urgencia

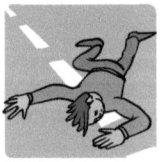

semaput

inconsciente

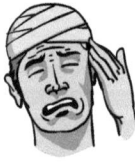

sakit

el dolor

cedera

la lesión

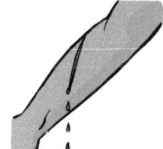

perdarahan

la hemorragia

serangan jantung

el infarto

stroke

el ictus

alergi

la alergia

batuk

la tos

demam

la fiebre

flu

la gripe

diare

la diarrea

sakit kepala

el dolor de cabeza

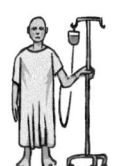

kanker

el cáncer

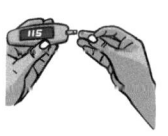

diabetes

la diabetes

ahli bedah

el cirujano

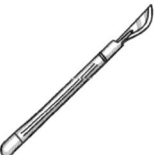

pisau bedah

el bisturí

operasi

la operación

CT

TAC

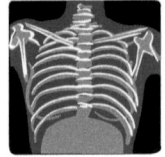

sinar x

los rayos x

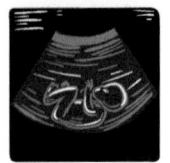

usg

el ultrasonido

topeng

la mascarilla

penyakit

la enfermedad

ruang tunggu

la sala de espera

penyokong

la muleta

plester

la tirita

perban

la venda

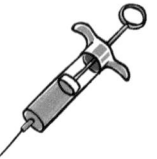

injeksi

la inyección

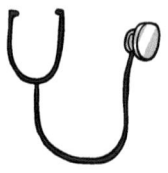

stetoskop

el estetoscopio

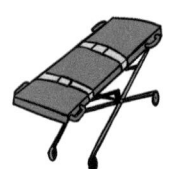

usungan

la camilla

termometer klinis

el termómetro

kelahiran

el nacimiento

kelebihan berat badan

el sobrepeso

alat pendengar

el audífono

desinfektan

el desinfectante

infeksi

la infección

virus

el virus

HIV / AIDS

VIH / SIDA

obat

la medicina

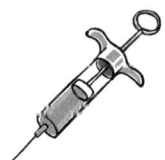

vaksinasi

la vacunación

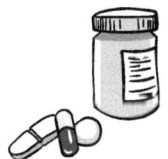

tablet

las tabletas

pil

la pastilla

panggilan darurat

la llamada de urgencia

ukur tekanan darah

el tensiómetro

sakit / sehat

enfermo / sano

Tolong!

¡Socorro!

alarm

la alarma

penyerbuan

el asalto

serangan

el ataque

bahaya

el peligro

pintu darurat

la salida de emergencia

Api!

¡Fuego!

alat pemadam kebakaran

el extintor de incendios

kecelakaan

el accidente

kit pertolongan pertama

el botiquín de primeros
auxilios

SOS

SOS

polisi

la policía

Eropa

Europa

Amerika Utara

Norteamérica

Amerika Selatan

Sudamérica

Afrika

África

Asia

Asia

Australi

Australia

Atlantik

el atlántico

Pasifik

el Pacífico

Samudra India

el Océano Índico

Samudra Antartika

el Océano Antártico

Samudra Arktik

el Océano Ártico

kutub utara

el polo norte

kutub selatan

el polo sur

Antarktika

La Antártida

bumi

la tierra

tanah

la tierra

laut

el mar

pulau

la isla

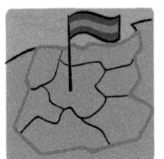

bangsa

la nación

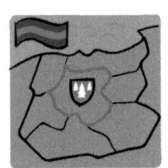

negara

el estado

jam wajah

la esfera

jarum pendek

la manecilla de las horas

jarum menit

el minutero

jarum detik

el segundero

Jam berapa?

¿Qué hora es?

hari

el día

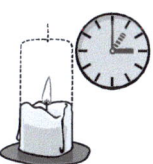

waktu

el tiempo

sekarang

ahora

jam digital

el reloj digital

menit

el minuto

jam

la hora

minggu

la semana

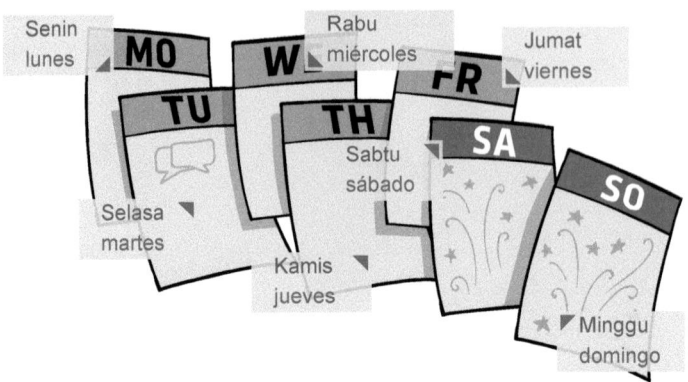

Senin
lunes

Rabu
miércoles

Jumat
viernes

Selasa
martes

Kamis
jueves

Sabtu
sábado

Minggu
domingo

kemaren

ayer

hari ini

hoy

besok

mañana

pagi

la mañana

siang

el mediodía

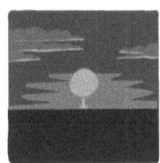

malam

la tarde

hari kerja

los días laborables

akhir minggu

el fin de semana

tahun
el año

hujan
la lluvia
pelangi
el arcoíris
salju
la nieve
angin
el viento
musim semi
la primavera
musim gugur
el otoño
musim panas
el verano
musim dingin
el invierno

4.APRIL 11°
5.APRIL 4°
6.APRIL 13°
7.APRIL 8°
8.APRIL 10°

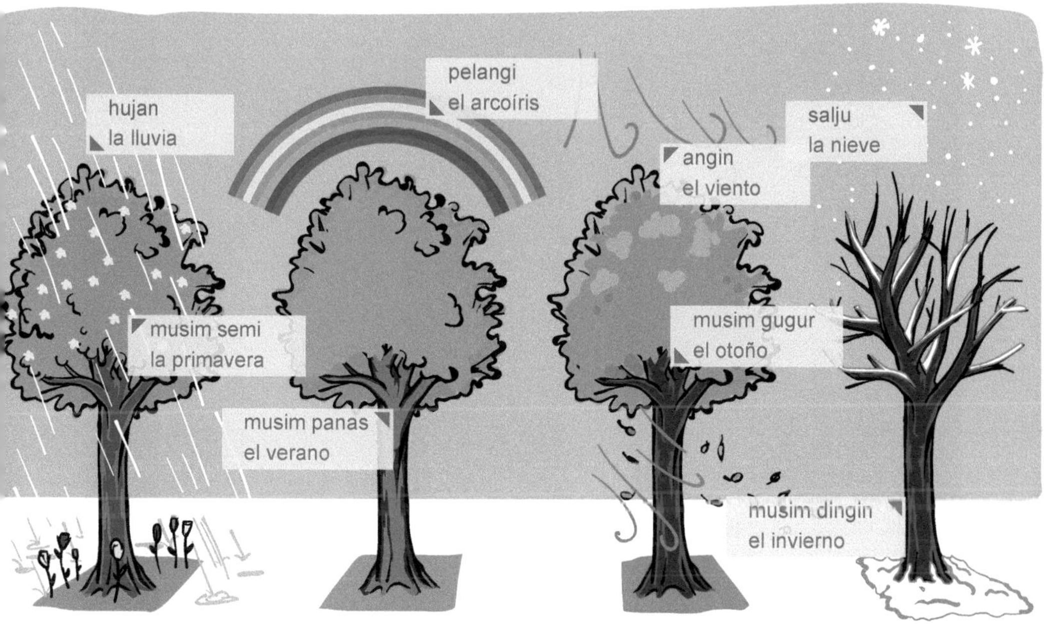

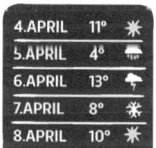

ramalan cuaca

el pronóstico del tiempo

F C
120 40
90 30
60 20
30 10
0 0
-30 -10
-20

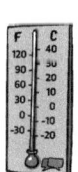

termometer

el termómetro

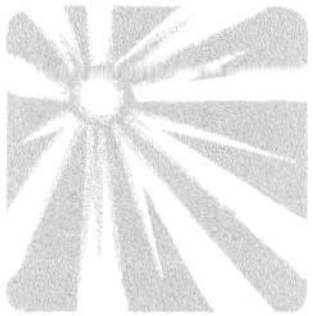

matahari

el sol

awan

la nube

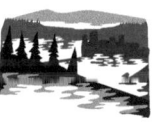

kabut

la niebla

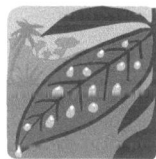

kelembahan

la humedad

kilat

el rayo

guntur

el trueno

badai

la tormenta

hujan es

el granizo

monsun

el monzón

banjir

la inundación

es

el hielo

Januari

enero

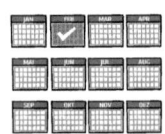

Februari

febrero

Maret

marzo

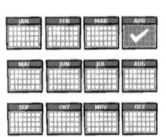

April

abril

Mei

mayo

Juni

junio

Juli

julio

Agustus

agosto

September
....
septiembre

Oktober
....
octubre

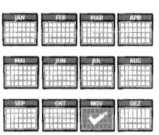

November
....
noviembre

Desember
....
diciembre

lingkaran
....
el círculo

persegi
....
el cuadrado

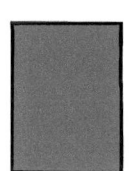

persegi panjang
....
el rectángulo

segi tiga
....
el triángulo

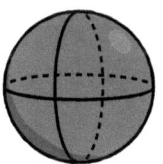

bola
....
la esfera

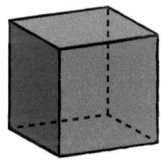

kubus
....
el cubo

putih

blanco

kuning

amarillo

oranye

anaranjado

pink

rosa

merah

rojo

ungu

morado

biru

azul

hijau

verde

coklat

marrón

abu-abu

gris

hitam

negro

banyak / sedikit

mucho / poco

marah / tenang

enojado / tranquilo

cantik / jelek

bonito / feo

mulaih / selesai

principio / fin

besar / kecil

grande / pequeño

terang / gelap

claro / oscuro

saudara laki-laki / saudara perempuan

el hermano / la hermana

bersih / kotor

limpio / sucio

lengkap / tidak lengkap

completo / incompleto

hari / malam

el día / la noche

mati / hidup

muerto / vivo

luas / sempit

ancho / estrecho

dapat dimakan / tidak dapat dimakan

comestible / no comestible

jahat / baik

malo / amable

bersemangat / bosan

entusiasmado / aburrido

gemuk / kurus

gordo / delgado

pertama / terakhir

primero / último

teman / musuh

el amigo / el enemigo

penuh / kosong

lleno / vacío

keras / lembut

duro / blando

berat / enteng

pesado / ligero

lapar / haus

el hambre / la sed

sakit / sehat

enfermo / sano

ilegal / legal

ilegal / legal

cerdas / bodoh

inteligente / tonto

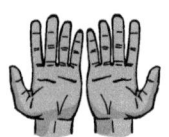

kiri / kanan

izquierda / derecha

dekat / jauh

cerca / lejos

baru / bekas
nuevo / usado

tidak ada apapun / sesuatu
nada / algo

tua / muda
viejo / joven

nyala / mati
encendido / apagado

buka / tutup
abierto / cerrado

tenang / keras
silencioso / ruidoso

kaya / miskin
rico / pobre

benar / salah
correcto / incorrecto

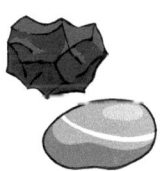

kasar / halus
áspero / suave

sedih / gembira
triste / contento

pendek / panjang
corto / largo

pelan-pelan / cepat
lento / rápido

basah / kering
húmedo / seco

hangat / sejuk
cálido / frío

perang / damai
guerra / paz

los números

0

nol

cero

1

satu

uno

2

dua

dos

3

tiga

tres

4

empat

cuatro

5

lima

cinco

6

enam

seis

7

tujuh

siete

8

delapan

ocho

9

sembilan

nueve

10

sepuluh

diez

11

sebelas

once

12

duabelas

doce

13

tigabelas

trece

14

empatbelas

catorce

15

limabelas

quince

16

enambelas

dieciséis

17

tujuhbelas

diecisiete

18

delapanbelas

dieciocho

19

sembilanbelas

diecinueve

20

duapuluh

veinte

100

seratus

cien

1.000

seribu

mil

1.000.000

juta

el millón

Inggris

el inglés

bahasa Inggris Amerika

el inglés americano

bahasa Cina Mandarin

el chino madarín

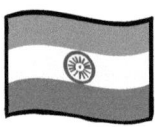

bahasa Hindi

el hindi

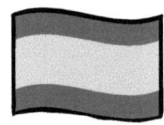

bahasa Spanyol

el español

bahasa Perancis

el francés

bahasa Arab

el árabe

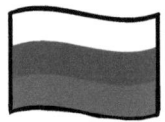

bahasa Rusia

el ruso

bahasa Portugis

el portugués

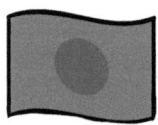

bahasa Bengal

el bengalí

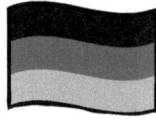

bahasa Jerman

el alemán

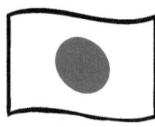

bahasa Jepang

el japonés

saya

yo

kamu

tú

dia

él / ella / ello

kita

nosotros/as

kalian

vosotros/as

mereka

ellos/as

siapa?

¿quién?

apa?

¿qué?

begaimana?

¿cómo?

dimana?

¿dónde?

kapan?

¿cuándo?

nama

el nombre

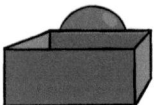

dibelakang

detrás

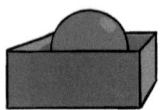

di

en

didepan

delante de

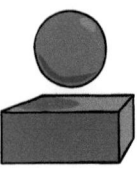

diatas

por encima de

diatas

sobre

dibawah

debajo de

sebelah

junto a

di antara

entre

tempat

el lugar